日々、丁寧に暮らす。

美人ごはん

はじめに

私の故郷には、旧暦の3月3日、桃の節句のころに行う「重びらき」という伝統行事があります。ちらし寿司や季節のお料理を中心に詰めた"お重"を持って、お花見をしながら、子どもたちの健やかな成長を祈るものです。

重びらきは、小さい頃から楽しみな行事の一つでした。祖母や母たちが朝から手作りしてくれたお重。ふたを開ける瞬間のワクワクした気持ちや、満開の桜が醸すフワフワとした優しい空気感の中でみんなと過ごす時間は、ただただ楽しいひと時でした。

子どもの頃から当たり前にあった季節ごとの行事を通して、日本の四季や感謝と思いやりの気持ちを学んでいたのだと思います。そんな季節行事の中心にはいつも「行事食」がありました。そして、私たちの日々の暮らしの中心にも食事があります。「食」は体の成長だけでなく、心を豊かに育んでくれる大切なものだと思います。

今回みなさんにお届けしたい"美人ごはん"とは、日々の食卓を通して、心から健やかに美しくあって欲しいと願いを込めたレシピです。

日々、丁寧に暮らす。それを心がけて生きることが、美人をつくっていくと信じています。
日日是好日。美味しいものを食べ、笑って最高な人生を送っていけますよう。

お料理で幸せに！
2018年2月4日

CONTENTS

はじめに ……………………… 02

春

そぼろ炒飯 ……………………… 08
鯛と山菜のおこわ ……………………… 10
筍とふきと豆のつくね煮 ……………………… 12
そら豆とエビとレンコンのかき揚げ ……………………… 14
あさりチャウダー ……………………… 16

焼き卵 ……………………… 20
カルビオイスター炒め ……………………… 22
鰻と生野菜の生春巻き ……………………… 24
天麺 ……………………… 26
海鮮丼 ……………………… 28

夏

秋

ミルクスープ ……………………… 32
きのこ鍋 ……………………… 34
秋刀魚と栗と里いもの和風オイルパスタ ……………………… 36
鯖の竜田揚げ ……………………… 38
スパニッシュオムレツ ……………………… 40

COLUMN

〈 花を感じる生活 〉 ……………… 18
〈 箸置きを楽しむ食卓 〉 ……………… 30
〈 旬の野菜からいただく力 〉 ……………… 42
〈 四季を感じる心と文化 〉 ……………… 54

冬

生鱈の一口フライ ……………… 44
鶏と根菜の煮物 ……………… 46
牡蠣と春菊のみぞれ煮 ……………… 48
エビとホタテと水菜のグラタン ……………… 50
鰤のバター焼きサラダ添え ……………… 52

お味噌汁7品 ……………… 56
きんぴら7品 ……………… 60
おひたし7品 ……………… 62
酢のもの7品 ……………… 64
卵焼き7品 ……………… 66

美人7品目

ごま和え物語 ……………… 68
器の旅 ……………… 72
お気に入りの食材たち ……………… 78
おわりに・奥付 ……………… 80

レシピについて

・材料は4人分です。
・1カップ＝200cc、大さじ1＝15cc、小さじ1＝5ccです。

春
Recipe

細かく刻んだ野菜で彩りを楽しむ

そぼろ炒飯

にんじん、サヤインゲンを細かくみじん切りにすることで、
がっつりなイメージの炒飯を赤と緑がかわいらしく彩ってくれます。
鶏挽き肉のさっぱりとしたうま味もポイントです。

材料

にんじん……小2/3本
サヤインゲン……4、5本
サラダ油……大さじ3
鶏挽き肉……160g

ごはん……約3合
塩……少々
醤油……小さじ1と1/3

作り方

1　にんじんはみじん切り、サヤインゲンは茹でてみじん切りにする。
2　フライパンにサラダ油をひき鶏挽き肉を炒め、にんじん、サヤインゲンの順に加えて炒め合わせる。
3　ごはんを加えてさらに炒め、塩、醤油で味を調える。

美人な食材 サヤインゲン

ビタミンが豊富で疲労回復に効果
女性にうれしい骨粗鬆症(こつそしょうしょう)の予防にも

中央アメリカが原産で、隠元禅師(いんげんぜんじ)によって、中国から日本へ伝えられたとされています。ビタミンB1やビタミンB2が豊富で、疲労回復に効能があります。カロテンやビタミンCを含み、皮膚の粘膜に抵抗力をつける働きもあります。カルシウムを有効に摂取できるので、イライラの解消に役立つともされます。ビタミンKも含み、骨粗鬆症の予防にも効果があります。

ちょっと豪華な春のごはん

鯛と山菜のおこわ

最近では普段の食卓にも並ぶ"色ごはん"は、
昔は「行事食」として特別な日に振る舞われていました。
春に旬を迎える鯛と山菜で作るおこわ。
特別な春の食卓を楽しんでみてください。

材 料

餅米……4合
鯛（切り身）……3切れ
山菜……100g
にんじん……1本
こんにゃく……100g

A
砂糖……大さじ1
酒……大さじ2
醤油……大さじ2
水……600cc
だし昆布……10cm
サラダ油……大さじ4

作り方

1　餅米を洗いザルにあげておく。
2　山菜は3cmくらいに切る。にんじん、こんにゃくは細切りにする。
3　1、2、Ⓐ、鯛を入れ炊飯器で炊く。

美人な食材　山菜

**古くから食されてきた旬の恵みで
体にため込んだ毒素をデトックス**

縄文時代から食べられてきたと言われている山菜は、旬が短いだけに季節の恵みを実感できる食材の一つです。あくが強いので手に入れたらなるべく早くあく抜きを。但し、あまり抜きすぎないよう程よく残すようにして、香りやほろ苦さを楽しみましょう。わらび、ぜんまい、こごみには抗酸化物質が豊富でデトックス効果があります。

芽吹きのパワーをいただける一皿
筍とふきと豆のつくね煮

筍とふきの組み合わせは、この季節にしかできないお料理。
春に芽吹いた自然のパワーをいただける一皿です。
ホクホクの大豆や優しい甘みのグリーンピースが入ったつくねは食べごたえもバッチリ。

材料

A
- 鶏挽き肉……150g
- 大豆（茹でたもの）……大さじ3
- グリーンピース（生）……大さじ1
- にんじん……1/4本
- 卵……1/2個
- 塩コショウ……適量
- 片栗粉……大さじ1

B
- 水……300cc
- 醤油……大さじ1
- 酒……大さじ1
- みりん……大さじ1
- 筍（茹でたもの）……150g
- ふき（茹でたもの）……5本
- 木の芽……4枚

作り方

1. にんじんはみじん切りにし、**A**の材料を混ぜ合わせる。
2. 鍋に水を入れて煮立て、1を丸め片栗粉をまぶして鍋に入れていく。
3. 筍を食べやすい大きさに切り、ふきを5cm位の長さに切る。2の中に入れ**B**の調味料を入れる。つくねに火が通ったら出来上がり。
4. お皿に盛りつけ、お好みで木の芽を添える。

美人な食材　筍

**竹の生命力を蓄えた筍で
活動的になる季節にパワーアップ**

筍には、心身共に活発になる春にうれしい栄養素がたくさん含まれています。タンパク質が豊富で、特に柔らかい穂先にはチロシンというアミノ酸が含まれていて、新陳代謝が活発になるのを助けます。また、食物繊維が多く冬の間に取りすぎたコレステロールの吸収を抑えてくれます。鮮度が良いほどあくが少なく、掘ってすぐのものはそのまま刺身で食べられるほど。手に入れたらできるだけ早くあく抜きをしましょう。

子どもから大人までみんな大好き！
そら豆とエビとレンコンのかき揚げ

家族で囲む食卓で、ごはんのおかずにも晩酌のおつまみにもなる一品。
冷めても美味しいので翌日のお弁当のおかずにも。
そら豆の風味とレンコンのホクホク・シャキシャキの食感もくせになります。

材料

- そら豆……20個
- エビ……300g
- レンコン……1と1/2本
- A
  - 酒……大さじ1
  - 塩……小さじ1
- B
  - 小麦粉……100g
  - 片栗粉……大さじ3
  - 卵……1個
  - 水……150cc
  - 塩……ひとつまみ
- 揚げ油……適量

作り方

1. そら豆は皮をむく。エビは背わたを取り、ぶつ切りにする。レンコンは皮をむき、乱切りにする。
2. 1にAを加え混ぜ合わせる。
3. Bをボールで合わせ、2を加える。
4. スプーンで一口大にまるめ、180℃の油で両面を揚げる。

美人な食材 そら豆

消化の良いタンパク源で、お酒の肴にもぴったり

そら豆という名前は、鞘（さや）が空に向かって伸びることから付けられたと言われています。タンパク質が豊富で消化吸収にも優れています。メチオニンなどの必須アミノ酸が多く、脂肪肝の予防に役立つことから、健康に気をつかう方におすすめしたい食材です。また、コレステロールを下げる働きを持つ、レシチンという物質も含まれています。

花冷えする春先に温まる一杯を
あさりチャウダー

温かい季節に向かっている春先ですが、時に寒さが戻って花冷えすることも。
そんな季節だからこそレパートリーに入れて欲しい、ほっこりするスープです。
うま味が詰まったあさりの栄養価も満点。

材料

じゃがいも……2個
にんじん……1本
玉ねぎ……1個
グリーンピース……大さじ1
あさり（塩ぬきしたもの）……200g
サラダ油……大さじ1

コンソメ……1個
牛乳……300cc
水……600cc
塩コショウ……適量

作り方

1　じゃがいも、にんじんはさいの目切り、玉ねぎはみじん切りにする。
2　サラダ油を鍋にひき1を炒める。あさりを加えさらに炒める。
3　コンソメを入れ牛乳、水、グリーンピースを加えて煮る。
4　あさりの殻が開き、じゃがいも、にんじんに火が通ったら
　　塩コショウで味を調える。

春にうま味が増す、低カロリーのスタミナ食材

春の季語にもなっているあさりは産卵前の4月から6月に旬を迎え、コハク酸、グリコーゲンなどのうま味成分が増えて味が良くなります。安芸の宮島・嚴島神社では春に神能が奉納されますが、この頃に美味しくなることから宮島周辺ではあさりのことを能貝と呼んでいます。低脂肪・低カロリーでタンパク質とタウリン、ビタミンB2が豊富です。鉄分とビタミンB12も多いので、貧血が気になる人におすすめです。

花を感じる生活

わが家では、どこかに必ず生花を飾っています。お花がある空間は華やかで凛としていて、とても心地がいいです。お盆やお正月の帰省、旅行などで数日自宅を空けるときにもお花を飾って外出します。そうすると、帰宅したときに温かく迎えてくれている気がして、ほっとするのです。今回の表紙では、花と食材を一皿のお料理のようにコーディネートをしてみました。日々の暮らしの中で、花と食材からはパワーをいただいており、心と体を健やかに保ってくれる大切な存在です。

夏 Recipe

元気が出る彩りを食卓に

焼き卵

トマトの赤色と卵の黄色が食卓に元気を与えてくれます。
トマトの酸味と黄身のまろやかさが絶妙にマッチ。
グラタン皿にまとめて焼いてもインパクトがあり、楽しい一皿になりますよ。

材料

卵……4個
トマト（水煮缶でも可）……大1と1/5個（240g）
玉ねぎ……中1/2個
サラダ油……大さじ1と1/3
塩……少々

作り方

1 トマトの種を取り粗く刻む。玉ねぎは薄切りにする。
2 鍋にサラダ油を熱し玉ねぎを入れて、しんなりするまでよく炒める。
3 トマトを入れ弱火で煮崩れするまで15分くらい煮込み、
  塩で味を調えトマトソースを作る。
4 耐熱皿にトマトソースを入れ、中央を少しくぼませて卵を割り入れる。
  温めておいたオーブントースターで卵が半熟になるまで（5分くらい）焼く。

美人な食材 トマト

肌を艶やかにする美肌作用や、がん予防にも効果あり

江戸時代に日本に渡来したトマトですが、その当時は観賞用でした。食べ物として普及したのは明治以降、昭和になって日本人の味覚に合った品種が開発され始めてから。トマトの赤い色素成分であるリコピンには強い抗酸化作用があり、子宮がんや胃がんなどの予防に効果があるとされます。また、含有するケルセチンには、ビタミンCの体内活性を強め、肌を艶やかにする美肌作用もあります。卵と食べ合わせると、疲労回復効果も期待できます。

暑い夏に疲労回復＆スタミナを！
カルビオイスター炒め

カルビはタンパク質やミネラル、アミノ酸などが多く含まれていて
栄養満点です。カルビの脂が混ざり合った甘辛く濃厚なタレは、
野菜との相性もバッチリ。お肉に野菜に、ごはんが何杯でもすすみます。

材料

- ししとう……8個
- なす……1本
- にんじん……1本
- エリンギ……1パック
- トマト……大1個
- カルビ……300g

A
- 塩コショウ……適量
- 片栗粉……適量
- ニンニク……1片
- オイスターソース……大さじ2
- 酒……大さじ1
- 豆板醤……小さじ1〜2

作り方

1. なす、にんじん、エリンギ、カルビは細切りにする。ししとうはヘタを取る。
2. フライパンに片栗粉をまぶしたカルビを入れ、塩コショウをして炒め、なす、にんじん、エリンギ、ししとうも加えて一緒に炒める。
3. 2にAを加えて全体に混ぜ合わせ、くし型切りにしたトマトを加えて出来上がり。

濃厚な風味があり、栄養価が高い食材

ばら肉のことを「カルビ」と言い、ばらとは肋骨の周辺の腹部の肉のことで、赤身と脂肪が層になった三枚肉。いつも動かしている部位のため、やや硬めですが濃厚な風味があります。牛肉は良質のタンパク質と脂質、ミネラルが豊富で吸収率も高く、非常に栄養価が高い食材です。必須アミノ酸のリジンも多く含まれており、コレステロールの除去を促し、疲労回復にも効果があります。

見た目も涼やかな夏にぴったりの一品
鰻と生野菜の生春巻き

土用の丑の日に食べる鰻。ごはんの上にのっけるだけでなく、
野菜と共にサラダ感覚で召し上がってみてはいかがでしょうか？
野菜のシャキシャキとした食感の中に鰻のうま味が広がる食べやすい一品です。

材料

鰻のかば焼き……1尾
卵焼き（卵2個分）……1本
※味付け…砂糖、醤油それぞれ小さじ1

きゅうり……1本
にんじん……1/2本
大葉……10枚
ライスペーパー……10枚

作り方

1 鰻と卵焼きは1cm幅に切る。きゅうり、にんじんは細切りにする。
2 ライスペーパーを水にくぐらせまな板に置く。
3 2のライスペーパーの上に大葉をのせ、その上に鰻、卵焼き、きゅうり、にんじんをのせてきつめに巻く。
4 半分に切り、お皿に盛り付ける。

夏バテ回復の代表格
豊富なビタミンAで美肌づくり

江戸時代、平賀源内によるたくみな宣伝で、夏の土用に鰻を食べて夏バテを回復する習慣が広まりました。肌や目を強化するビタミンAの含有量が食品の中でもずば抜けて多く、身の部分は牛肉の200倍も含みます。糖代謝に関与して疲労回復効果を持つビタミンBも豊富なので疲れたときにはぴったりです。

旬の天ぷらと中華麺をさっぱりといただく

天麺

夏が旬の鱚（きす）、オクラやかぼちゃなどの天ぷらを
中華麺と共にいただく食べごたえのある一皿。
さっぱりとした醤油とごま油のタレが食欲をそそります。
夏休みのお昼ごはんにおすすめです。

材料

鱚……4尾	片栗粉……適量	Ⓐ 醤油……大さじ6
ピーマン……2個	揚げ油……適量	酢……大さじ4
かぼちゃ……1/6個	中華麺……4人分	砂糖……大さじ2
ズッキーニ……1/2本		ごま油……大さじ1
オクラ……4本		ごま……適量
塩コショウ……適量		

作り方

1. 鱚は背開きにする（頭は取る）。ピーマンは1/4に切る。かぼちゃは0.5cmの半月切り、ズッキーニは0.5cmの輪切りに。オクラはヘタとガクの部分を切り取る。
2. 1に塩コショウをし、片栗粉を付けて180℃の油で揚げる。
3. 中華麺を茹でしっかり水を切って皿に盛り、2の天ぷらをのせ合わせたⒶをかけて青ねぎをのせる。

美人な食材　ごま油

和食や中華を引き立て、栄養成分も豊富

ごまは、タンパク質、ビタミン、アミノ酸などが豊富で、古くから疲労回復、美肌や美髪に効果があるとされてきました。また、ごまの脂肪はほとんどが不飽和脂肪酸で、コレステロールの排出を促して、動脈硬化を防ぐ作用があります。油としての利用も古く、平安時代には寺院で傷の手当てなどの薬用に使っていたようです。香り高い茶褐色のごま油は醤油との相性が良いです。

脂ののった鯵の漬けと酢飯の相性抜群

海鮮丼

鯵は旬を迎える初夏が一番脂がのっていて美味しいです。
ごはんはひと手間かけて酢飯にするのがおすすめ。
魚介類との相性は言うまでもなく、
体に良いお酢が摂取できてさっぱりといただけます。

材料

- 鯵……2尾
- タコ……100g
- エビ（茹でたもの）……8尾
- 醤油……大さじ5
- みりん……大さじ5

Ⓐ ― 酢飯 ―
- 米……3合
- 米酢……100cc
- 砂糖……大さじ2
- 塩……小さじ1/2
- 白ごま……大さじ3

- 大葉……4枚
- わさび……適量

作り方

1. 鯵を3枚におろし、1cm幅に切っていく。茹でたタコ、エビはぶつ切りに。
2. 醤油、みりん、わさびを1と合わせておく。
3. 炊き上がったごはんにⒶを入れ、切るように混ぜる。
4. 3に2をのせ、その上から細切りにした大葉をのせる。

美人な食材　**米酢**

**美容や健康に良い
和食によく合う調味料**

米を原料とした醸造酢で、コクとうまみがあり、和食全般や寿司、酢のものなどに使われます。豊富に含まれるアミノ酸やクエン酸には、体にたまった疲労物質や余分な脂肪を燃焼させ、脂肪をためにくくするダイエット効果があります。また、お米など糖質を含む食材と一緒に摂取するとスピーディーに疲労回復ができます。

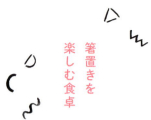

箸置きを楽しむ食卓

　食卓を彩ってくれるメインはお料理や器ですが、箸置きも私にとっては欠かせないものです。箸置き一つ置くだけで、食卓が一層華やかになります。友人が食事にきてくれるときは、その人のことを考えながら箸置きを選ぶのが、私なりの"おもてなし"の一つでもあります。季節感のあるものから普段使いのものまで80個くらい持っていて、デザインは一緒でも色違いだったりと、一つとして同じものがありません。それは、"たった一つ"の特別感を楽しみたいからです。

秋 Recipe

秋の夜長にはこのスープ

ミルクスープ

ミルクの優しい味わいと温かさでほっこりする一杯。
鶏挽き肉と野菜のうま味、バターのコクが利いています。
腹持ちもいいので、小腹がすいたときや
勉強を頑張るお子さんのお夜食にもどうぞ。

材料

キャベツ……2枚
にんじん……1/5本
鶏挽き肉……40g
バター……8g
ブイヨン……200cc
塩……少々
牛乳……300cc

作り方

1 キャベツとにんじんは千切りにする。
2 鍋にバターを入れ鶏挽き肉を炒める。
  パラパラになったらキャベツとにんじんを加えてさらに炒める。
3 野菜がしんなりしたらブイヨンを加え、弱火で5〜6分煮る。
4 牛乳を加え、弱火で野菜が柔らかくなるまで煮る。
5 塩で味を調え火を止める。

美人な食材　牛乳

**ビタミン類がバランス良く含まれ
高い美容効果も期待できる**

奈良・平安時代に貴族の間で、煮詰めるなどして加工した牛乳や乳製品が親しまれていました。貴族社会が衰退した中世以降は飲まれなくなり、再び普及したのは明治時代に入って滋養強壮の飲料としてアピールされてからです。皮膚のかさつきを防ぐレチノール、脂肪太りを防ぐビタミンB2、貧血を防ぐビタミンB12など、ビタミン類がバランス良く含まれているため、高い美容効果が期待できます。

きのこから出るうま味成分を堪能

きのこ鍋

秋と言えばきのこです。きのこだけをふんだんに使った鍋で、
きのこから出るうま味成分を存分に味わってみてください。
しいたけは生だけでなく干したものも入れると、うま味がより UP します。

材 料

しいたけ……5～6個
まいたけ……1パック
しめじ……1パック
えのき……1パック
干ししいたけ……適量
水……500～800cc
ゆず、すだち……適量

作り方

1 きのこは石づきを取り小房に分ける。
2 鍋に水、干ししいたけを入れ中火で煮立たせながら、残りのしいたけ、まいたけ、しめじ、えのきを入れていく。
3 ゆずやすだちを好みで搾っていただく。

美人な食材
きのこ
(しいたけ)

**低カロリーで繊維が豊富
うま味成分も脳の老化予防に**

古くから採集されていたと言われているきのこは、古事記、日本書紀にも食用にされていたことが書かれています。低カロリーで食物繊維に富んでいて、エルゴステリンという成分は体内でビタミンDに変化してカルシウムの吸収を助けます。βグルカンという成分は、免疫機能を活性化させると言われます。うま味成分のグルタミン酸やアラニンなどの栄養素は、脳の老化予防に役立つとされます。

意外な組み合わせの秋食材がベストマッチ

秋刀魚と栗と里いもの和風オイルパスタ

秋刀魚、栗、里いも、普段一つの料理で一緒になることがない
3食材の相性の良さが楽しめる一皿。
栗と里いもは生のものを使用して炒めることで、食感がアクセントになります。

材料

秋刀魚…… 1尾
小麦粉…… 適量
栗…… 10個
里いも…… 2個

Ⓐ サラダ油…… 大さじ4
　 醤油…… 大さじ4
　 パスタ…… 240〜320g
　 塩…… 小さじ2
　 白髪ねぎ…… 適量

作り方

1　秋刀魚は3枚におろし一口大に切る。小麦粉をまぶしフライパンで両面をかるく焼いておく。
2　栗と里いもは皮をむき、栗は好みの大きさに切る。里いもは薄切りにしておく。
3　パスタを茹でる。
4　1に2を入れⒶを合わせて炒め、具材に火が通ったら、茹で上がったパスタを入れてよく混ぜ合わせる。
5　塩で味を調える。
6　お皿に盛り付け、白髪ねぎを添える。

美人な食材　栗

縄文時代から食べられていた、エネルギーの補給源

栗は縄文時代にはすでに食糧とされてました。主成分は炭水化物で、糖質をエネルギーに変えるのに必要なビタミンB1が豊富なので、疲労回復や体力アップに役立ちます。ビタミンCも多く、でんぷん質に包まれているため加熱してもこわれにくいのが特徴です。ビタミンCは体の調子を整えるだけでなく、コラーゲンの生成を促して肌の弾力を保ったり、免疫力を高める効果もあるとされます。

パリパリの皮とニンニクしょうが醤油がたまらない！

鯖の竜田揚げ

私の中で竜田揚げと言えば「鯖」です。
小さいころから食卓に並んでいました。
皮のパリパリ感とニンニクしょうが醤油の風味が何とも言えません。
180℃の高温でカラッと揚げるのがポイントです。

材料

A
- 鯖……大1尾
- 醤油……大さじ3
- 酒……大さじ3
- ニンニク（すりおろす）……1片
- しょうが（すりおろす）……1片

- 片栗粉……適量
- 揚げ油……適量

作り方

1. 鯖は3枚におろし一口大に切る。
2. 1にAを入れ、よくもみ込み30分程度おく。
3. 2に片栗粉をまぶし180℃の油で揚げる。

美人な食材　鯖

ビタミンと多価不飽和脂肪酸、栄養に富んだ大衆魚

春の産卵後に多くのエサを食べ、秋にはたっぷりと脂がのっておいしくなります。鯖に含まれるヒスチジンは、水揚げ後時間が経つと分解されてヒスタミンとなり、俗に「鯖の生き腐れ」というほど傷みが早いものです。体表の模様が鮮やかで目が澄んだものが新鮮です。鯖の脂質はDHA、IPAなどの多価不飽和脂肪酸が多く、血液をサラサラにする効果があるとされます。ビタミンD、B群が多く、血合いには鉄分が多く含まれます。

食卓を盛り上げてくれる頼れる一品

スパニッシュオムレツ

たくさんの具材が楽しめて、見た目も鮮やかなスパニッシュオムレツ。
鋳鉄製のフライパン「スキレット」で調理をして、
そのままテーブルに出せば、これ一品で食卓をおしゃれに演出できます。

材料

- 玉ねぎ……大1個
- なす……1本
- ベーコン（ブロック）……50〜70g ※お好みで
- マッシュルーム……5個
- トマト……大1個
- オリーブオイル……適量
- 塩コショウ……適量

Ⓐ
- 卵……5個
- 生クリーム……100cc
- ピザ用チーズ……30g
- 塩コショウ……適量

作り方

1. 玉ねぎはみじん切り、なすは1cmのさいの目切り、マッシュルームは薄切り、トマトは種を取りざく切り、ベーコンは1cm幅に切る。
2. ボウルに卵を割りほぐし、Ⓐを混ぜる。
3. フライパンにオリーブオイルを熱し、玉ねぎ、なす、ベーコン、マッシュルームを加え中火で炒める。塩コショウをして2と合わせ、水気の出やすいトマトは最後に加えバットに移す。
4. フライパンを中火で熱しオリーブオイルをなじませ、3を流し入れる。大きくかき混ぜ、半熟になったらフタをしてとろ火で8分ほど焼く。

美人な食材　卵

古代は神聖視されていた、パーフェクト食材

日本では古くから神聖なものとされ、鳥卵を食べると神罰が下ると恐れられていました。それが江戸時代になると急速に利用が広がり、さまざまな卵料理が当時の料理書に記されています。卵は必須アミノ酸をすべて含む理想的なタンパク源です。中でも、肝機能を強化してくれるメチオニンが豊富です。また、冷え症や虚弱体質を改善してくれます。髪の健康を保つレチノールなど、ビタミン類、ミネラル類なども豊富で、消化や吸収も良い理想的な食材です。

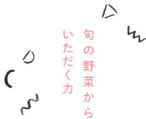

旬の野菜から
いただく力

　私は"旬のもの"を食すことを大切にしています。旬のものからは芽吹きの生き生きとしたパワーを感じられ、それを料理していただくと、心身共に元気になるからです。友人のお父さんが畑をやってらっしゃるので、たまに季節ごとの野菜をおすそ分けしていただきます。なるべく自然のまま、減農薬で育てられている野菜は、色やみずみずしさ、甘みが全然違います。先日は収穫も手伝わせてもらいましたが、久々に触れた"土"からも大地のパワーをいただいた気がします。

冬
Recipe

サクッと軽くクセのない美味しさ
生鱈(たら)の一口フライ

魚の中でもクセがなく食べやすい鱈。
フライにすることで子どもからお年寄りまで幅広く好まれて、
家族で囲む食卓にはもってこいです。
シンプルな味なので、玉ねぎ系のドレッシングと合います。

材料

生鱈……160g
塩……小さじ 1/3
酒……小さじ 1 と 3/5
薄力粉……小さじ 2 と 2/3
溶き卵……少々

パン粉……大さじ 4
揚げ油……適量
ブロッコリー……好みで
ミニトマト……好みで
パセリ……好みで
玉ねぎ系のドレッシング……適量

作り方

1　生鱈を一口大のそぎ切りにし、塩、酒をふって下味をつける。
2　水気をふいた鱈に薄力粉、溶き卵、パン粉をつける。
3　170℃の油できつね色に揚げる。
4　彩りにブロッコリーやミニトマト、パセリを添え、
　　玉ねぎ系のドレッシングをかけていただく。

美人な食材 玉ねぎ

**切ると涙が出る臭気成分が
血栓予防やイライラ解消に効果あり**

玉ねぎを包丁で切ると涙が出るのは、臭気成分の硫化アリルの刺激によるものです。硫化アリルには血栓を予防したり、ビタミンB1の吸収を高めてスタミナをつけたり、イライラや不眠の解消にも役立つとされます。玉ねぎの糖質にはフラクトオリゴ糖が多く、腸内のビフィズス菌を増やすのに役立ちます。

大地の栄養を蓄えた根菜類は力の源に

鶏と根菜の煮物

冬は根菜類が特に美味しくなる季節です。
鶏肉と一緒に煮ることで鶏のうま味がしみ込み、深い味わいに。すりおろしたしょうがを添えるのもポイント。
寒い冬を乗り切るのに欠かせない一品です。

材料

鶏もも肉……300g
にんじん……1本
大根……1/3本
レンコン……100g
ゴボウ……1本

濃口醤油……大さじ2
酒……20cc
水……100cc

しょうが……1片

作り方

1　鶏もも肉は一口大、にんじん、大根、レンコン、ゴボウは乱切りにする。
2　鶏もも肉を両面焼き、にんじん、大根、レンコン、ゴボウ、Ⓐを入れ、30～40分煮る。
3　器に盛り付け、すりおろしたしょうがを添える。

胃腸の消化吸収を高め、がんを抑制する効果もあり

春の七草の一つ、すずしろとして古くから親しまれてきた大根。多くの消化酵素が含まれており、胃腸の消化吸収を助ける働きがあります。また、がん細胞の発生を妨げる食物繊維のリグニンも含まれていて、特有の辛味のもとになるイソチオシアネートにも、がん抑制の効果があるとされます。葉にはカロチンやビタミンC、カリウムなどが豊富に含まれています。

ぷりぷりの牡蠣と季節野菜をアツアツで
牡蠣と春菊のみぞれ煮

広島の特産品、牡蠣をメインにしたレシピです。
大根おろしで煮込むので冷めにくく、寒い季節にぴったり。
葉野菜は、独特の風味で存在感のある春菊のみを使用。
お餅を入れてお腹も満たされる一品です。

材料

牡蠣……500g	春菊……1パック
豆腐……1丁	水……400cc
餅……4個	昆布……5cm
大根……1/2本	ポン酢……適量

作り方

1. 牡蠣は塩で軽くもみ洗いする。大根はすりおろし、春菊は4cmに切る。
2. 鍋に水と昆布を入れ沸騰してきたら中火にし、豆腐、牡蠣、焼いた餅、春菊を入れる。5分くらい煮て大根おろしを入れ、さらに5分煮る。
3. ポン酢でいただく。

美人な食材　牡蠣

ホルモンの分泌を促して肌荒れを防ぐ、栄養豊富な「海のミルク」

必須アミノ酸をバランス良く含んでいるほか、ビタミン類やカルシウムなどが豊富で、栄養価が高いことから「海のミルク」と呼ばれています。牡蠣の養殖は江戸初期頃、広島県（当時の安芸国）で始まったとされます。うま味成分には、血中の悪玉コレステロールを抑制し、生活習慣病や心臓疾患の予防に効果があるとされるタウリンがたっぷり含まれています。ミネラル類、特に亜鉛が豊富で、ホルモンの分泌を促して肌荒れや抜け毛を防ぐ効果が期待できます。

クリーミーで濃厚なうま味とシャキシャキな食感
エビとホタテと水菜のグラタン

ホワイトソースとの相性が良い魚介類。
わが家ではエビとホタテを使うのが定番です。
野菜は玉ねぎの他に、冬が旬で栄養価の高い水菜を使用して、
シャキシャキ感を楽しめるようにしています。

材料

エビ……8尾
ホタテ……8個
ベーコン……5〜6枚
マカロニ（茹でたもの）……200g
玉ねぎ……大1個
水菜……1/2パック

 小麦粉……50g
生クリーム……200cc
牛乳……200cc
水……200cc
塩コショウ……適量
ピザ用チーズ……適量

作り方

1　玉ねぎはスライスし水菜は3cmに切る。ベーコンは1cmに切る。
2　背わたを取ったエビ、ホタテ、マカロニ、1をフライパンに入れ、の材料も入れる。
3　中火にかけ沸騰したら、小麦粉が固まらないようにスプーンでなじませる。
4　塩コショウで味を調えグラタン皿によそう。ピザ用チーズをのせてトースターで5〜7分ほど焼き、焦げ色をつける。

鍋物、煮物、漬物などに重宝する
京都で育った伝統野菜

別名「京菜」という京都の伝統野菜で、肥料を用いずに水のみで栽培していたことから名付けられました。耐寒性が強く、10月から翌3月頃が旬です。カルシウムやカロチン、美肌効果のあるビタミンCなどが豊富で、栄養に優れた緑黄色野菜です。食物繊維も多く含まれ、整腸作用もあります。鍋物や煮物、お浸しに漬物などさまざまな料理に用いられます。

バター風味で野菜もすすむ
鰤のバター焼きサラダ添え

冬の寒い時期に脂がのっている鰤は、お刺身、照り焼き、鍋など、
どんなお料理にしても美味しいです。
そんな鰤をバターで焼き、子どもにも好まれる味付けに。
冬野菜も一緒にもりもりどうぞ。

材料

- 鰤のブロック……500g
- バター……30g
- 塩コショウ……適量
- カリフラワー……1/4株
- ブロッコリー……1/4株
- レタス……1/2個

Ⓐ
- 小麦粉……適量
- 黒酢……大さじ2
- バージンオリーブオイル……小さじ2
- ウスターソース……小さじ1
- 醤油……小さじ1

作り方

1. カリフラワー、ブロッコリーを小分けにし茹でておく。
2. レタスは小分けにし、水にさらす。
3. 鰤を0.5cmほどにスライスして塩コショウで味を付け、小麦粉を両面につける。
4. フライパンにバターを溶かし3を両面焼く。
5. 1の野菜を水切りして皿に盛り、4の鰤をのせる。Ⓐの調味料を合わせ4にかける。

美人な食材　鰤

**お正月料理に欠かせない
縁起の良い出世魚**

成長によって「フクラギ、イナダ、ハマチ、ブリ」などと呼び名が変わるため"出世魚"と言われ、縁起の良い魚としてお歳暮やお正月料理に欠かせません。また、栄養面でもすぐれており、悪玉コレステロールや中性脂肪の値を下げ、動脈硬化や生活習慣病の予防に効果的と言われているEPA、DHAを多く含みます。

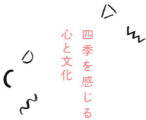

四季を感じる心と文化

　日本人は昔から四季を大切にしてきました。上の写真は季節ごとの着物の柄で、右から春《桜》、夏《杜若（かきつばた）》、秋《紅葉》、冬《梅》。身に付けるものに季節感を反映させる文化ってとても素敵です。また、ある冬の日の食卓に「かぼちゃの煮物」を出したとき、娘が「そっか、今日は冬至かぁ」と言いました。小さい頃から冬至にはかぼちゃを出しているので、娘の中にも根付いていることがうれしかったです。季節を通して日本の文化を感じることも、大切にしていきたいですね。

美人7品目レシピ

食卓に並ぶ頻度の高い、味噌汁、きんぴら、
おひたし、酢のもの、卵焼き。
マンネリになりがちですが、だしや具材を変えるだけで、
レパートリーの幅が広がります。
1週間作っても飽きない！
それぞれ7品目をご紹介します。

お味噌汁7品

お味噌汁は具材だけでなく「だし」を変えると
違った味わいを楽しむことができます。
自分だけのお気に入りの一杯を作ってみてください。

肉・野菜
だし

豚汁

材料
- 水……1000cc
- 豚ばら肉……150g
- さつまいも……小1本
- 里いも……2個
- 大根……1/4本
- にんじん……1/2本
- ゴボウ……1本
- 味噌……大さじ4
- 小口ねぎ……適量

作り方
1. さつまいも、里いもは輪切り、大根、にんじんはいちょう切り、ゴボウは斜め切りにする。
2. 鍋に2cmくらいに切った豚ばら肉を入れて炒め、1の野菜を入れ軽く炒めた後、水を入れて煮立たせる。
3. 野菜に火が通ったら味噌をとき、小口ねぎを入れる。

じゃがいものお味噌汁

材料

水……1000cc　　乾燥わかめ……大さじ2
花かつお……40〜50g　　味噌……大さじ4
じゃがいも……2個　　小口ねぎ……適量

作り方

1. じゃがいもは半月切りにする。
2. 鍋に水を入れ火にかけ、沸騰したら火を止め、花かつおを入れて沈むまで1〜2分おく。
3. 花かつおを取り出す。
4. 3にじゃがいもを入れ、火が通ったら乾燥わかめを入れて味噌をとき、小口ねぎを入れる。

なめこと豆腐のお味噌汁

材料

水……1000cc　　豆腐……半丁
昆布……5〜6cm　　長ねぎ……1/2本
なめこ……1パック　　味噌……大さじ4

作り方

1. 鍋に水を入れ30分くらい昆布をつけておく。
2. なめこは石づきを取り軽く洗う。豆腐はさいの目切り、長ねぎは斜め切りにする。
3. 1を10分くらい煮立て昆布を煮出し、なめこ、豆腐、長ねぎを入れ味噌をとく。

白身魚
だし

白身魚のお味噌汁

材料

水……1000cc 乾燥わかめ……大さじ2
白身魚……4切れ 味噌……大さじ4
　　　　　　　 小口ねぎ……適量

作り方

1 白身魚を洗う。
2 鍋に水と白身魚を入れ煮立てる。
3 白身魚に火が通ったら乾燥わかめを入れ味噌をとき、小口ねぎを入れる。

あご
だし

大根とえのきのお味噌汁

材料

水……1000cc えのき……1/2パック
あご（とびうお）……1尾 味噌……大さじ4
大根……1/4本 小口ねぎ……適量

作り方

1 鍋に水とあごを入れだしをとる。
　香りが立ち黄金色になってくれば良い。
2 大根はいちょう切り、えのきは石づきを取り2cmくらいに切り1に入れる。
3 大根が好みの固さになったら味噌をとき、小口ねぎを入れる。

※あごだしのあご（とびうお）は手に入りにくいので、粉末のあごだしなどで代用してもOK。

あさり
だし

あさりのお味噌汁

材料
あさり（砂出ししたもの）……300g
水……1000cc
味噌……大さじ4
小口ねぎ……適量

作り方
1 鍋に水とあさりを入れ、煮立てる。
2 あさりが開いたら味噌をとき、
　小口ねぎを入れる。

煮干し
だし

かぼちゃと油揚げのお味噌汁

材料
水……1000cc　　油揚げ……1枚
煮干し……30g　　味噌……大さじ4
かぼちゃ……1/6個　小口ねぎ……適量

作り方
1 かぼちゃは薄くいちょう切り、
　油揚げは細切りにする。
2 鍋に水と煮干しを入れ30分ほどおく。
　※煮干しは頭と腹の黒いワタの部分を取ると、
　生臭みがとれる。
3 鍋を火にかけ5〜6分煮出す。
4 煮干しを取り出しかぼちゃ、油揚げを入れ、
　かぼちゃに火が通ったら味噌をとき、
　小口ねぎを入れる。

きんぴら7品

食卓に並ぶおかずの王道とも言えるきんぴら。
まとめて作っておけば常備菜として保存できます。

基本の材料

薄口醤油……大さじ2　　ごま油……大さじ1
砂糖……大さじ2　　　　ごま……適量
水……大さじ2　　　　　一味……適量

作り方

1. フライパンにごま油をひき材料を入れて炒め、薄口醤油、砂糖、水を入れよく炒めていく。
2. 仕上げにお好みでごま、一味をふりかける。

さつまいものきんぴら

さつまいもは細切りにする。

ピーマンのきんぴら

ピーマンは輪切りにする。

レンコンのきんぴら

レンコンは輪切りにする。

ゴボウのきんぴら

ゴボウは細切りにし、水にさらしてアクを抜く。

セロリのきんぴら

セロリは細切りにする。

にんじんのきんぴら

にんじんは細切りにする。

こんにゃくのきんぴら

こんにゃくは細切りにする。

おひたし7品

おひたしは「だし」の風味を味わうおかず。
乾物やきのこ類などを合わせて味の広がりを楽しんでください。

OHITASHI 1
水菜ととろろ昆布のおひたし
水菜は長さ3〜4cmに切る。
※とろろ昆布は盛り付けのタイミングで加える。

OHITASHI 2
白菜とシラスのおひたし
白菜は3〜4cm角に切る。

OHITASHI 3
キャベツと干しエビのおひたし
キャベツは3〜4cm角に切る。

OHITASHI 4
ほうれん草とちくわのおひたし
ほうれん草は長さ3〜4cmに切る。
ちくわは輪切りにする。

基本の材料

かつおだし……200cc
酒……大さじ1
薄口醤油……大さじ1

作り方

かつおだしを中火で煮立て、酒、薄口醤油を加える。
材料を入れ、火が通るまで中火で煮る。

OHITASHI 5
豆苗としいたけのおひたし
豆苗は長さ3〜4cmに切る。
しいたけは1cm角に切る。

OHITASHI 6
春菊とえのきのおひたし
春菊とえのきは長さ3〜4cmに切る。

OHITASHI 7
小松菜と油揚げのおひたし
小松菜は長さ3〜4cmに切る。
油揚げは細切りにする。

酢のもの7品

体に良い「酢」は毎日でも取り入れたい調味料の一つ。
酢のものにすると食べやすく、調理も簡単です。

カニカマときゅうりの酢のもの

カニカマは長さ6〜7cmに切り、手でほぐす。きゅうりは薄切りにして塩もみをしておく。

みょうがとししとうの酢のもの

みょうがとししとうは斜め切りにする。

山いもとオクラの酢のもの

山いもは長さ5cm、1cm角に切る。オクラは熱湯でさっと茹でて小口切りにする。

ミニトマトとシナモンスティックの酢のもの

ミニトマトはヘタを取る。

基本の材料
黒酢……大さじ3
薄口醤油……大さじ1
砂糖……大さじ2

作り方
鍋に黒酢、薄口醤油、砂糖を入れ、中火で熱して沸騰する寸前で火を止める。粗熱がとれたら材料を混ぜ合わせる。

シラスときゅうりの酢のもの

きゅうりは薄切りにして塩もみをしておく。

タコときゅうりの酢のもの

タコ（茹でたもの）ときゅうりは薄切りにする。きゅうりは塩もみをしておく。

大根とにんじんとごまの酢のもの

大根とにんじんはいちょう切りにする。

○プレーン

卵焼き7品

お弁当のおかずの定番、卵焼き。
7種類のレパートリーがあれば、味も見た目にも飽きがきませんよ。

基本の材料
卵……2個
砂糖……大さじ1弱
薄口醤油……小さじ1

作り方
ボウルに卵、砂糖、薄口醤油を入れ、
よくかき混ぜる。具材を混ぜ焼いていく。

のりの卵焼き……　味付けのりを使って味にアクセントをつける。
明太子の卵焼き……　明太子は生のものを使用すると、巻き上がったときに半熟感が楽しめる。
ねぎの卵焼き……　ねぎは小口切りにする。
シラスの卵焼き…　シラスは釜揚げか乾燥かを使い分けると、違った食感が楽しめる。レシピは釜揚げシラスを使用しソフトに仕上げた。
ひじきの卵焼き…　乾燥ひじきは水でもどしておく。
チーズの卵焼き…　丸いスティックタイプのプロセスチーズを使用すると、巻きやすくでき上がりがコロンとしてかわいい。

親子で紡ぐ
ごま和え物語

ごまをすって、だしをとって、野菜を和える。
ちょっとしたひと手間が必要な「ごま和え」には
大切なことがたくさん
詰まっていると思うのです。

第一章
親子で立つ台所

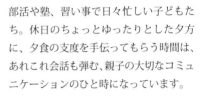

部活や塾、習い事で日々忙しい子どもたち。休日のちょっとゆったりとした夕方に、夕食の支度を手伝ってもらう時間は、あれこれ会話も弾む、親子の大切なコミュニケーションのひと時になっています。

第二章
ひと手間かけた下ごしらえ

ごま和えには鰹だし。だしを取り、ごまはすり鉢でする。私が子どもの頃にも母が当たり前にやっていたこと。それがどんなに手間で、それがないと美味しいごま和えにならないことを、自分も母になって知りました。

母が大切に使っていた小さなすり鉢がかわいくて大好き。今日は器として使います。

＼母からゆずってもらった小さなすり鉢／

> 第三章
> 食卓を彩る楽しさを
> 共有する

食卓の彩には器や箸置きの存在も欠かせません。季節や気分、お料理に合わせて器と箸置きを選ぶ楽しい時間も、豊かな食卓づくりの秘訣です。

お料理から配膳まで。お手伝いを通して、相手への思いやりを学んでほしいと思います。

子どもが食事をする様子を見ていると、その日の元気のバロメーターが分かります。ちゃんと向き合って食事をするって大切です。

> 第四章
> 家族で囲む
> 食卓

共働きで、子どもも大きくなると、家族全員で食卓を囲むことが少なくなります。数より質。一緒の時間を楽しく共有したいですね。

「今日もママのごま和え美味しいね！」そんな言葉にまた明日からの元気をもらいながら、このごま和えも娘が引き継いでくれることを願う、今日この頃です。

器の旅
佐賀・有田
utsuwatabi

器好きには欠かせないイベント「陶器市」。
全国各地、焼き物の産地で開催されています。
沢山の窯元や問屋でにぎわい、一度にさまざまな器と出合えること、
そして、作り手と直接会話ができることが陶器市の醍醐味。
そういった意味では、"器初心者"の方にこそおすすめしたいイベントです。
好みの器（陶器市）を目指して、器の旅を楽しんでみませんか。

家族や友人と行くと、あれこれ話しながら器を選べて楽しみが倍増。リュックサックはマストアイテム。買い物をしても常に両手が空く状態にしておくのがポイント

左／陶器市のマップをもらい、お目当ての窯元の位置や全体の出店数を把握して効率よく回る　右／お店の人との交渉次第でディスカウントしてもらえるのも陶器市ならでは

20年間通い続けても、毎年楽しめる陶器市の魅力

毎年4月下旬から5月初旬にかけて、佐賀県有田市で開催されている「有田陶器市」。陶器市が催されている一帯はたくさんの人で賑わい、まるでお祭りのようです。有田陶器市は、高校生の頃に母親や姉たちに連れて行ってもらい、今でも毎年欠かさずに足を運んでいます。

私の器好きは、祖母や母が集めた各地の器が子どもの頃から食卓に並んでいたことと、この有田陶器市が身近にあったことに影響を受けています。かれこれ20年近くになりますが、飽きることなく毎年訪れているのは、有田焼の特徴である、磁器特有のきめ細やかな美しさと繊細さに魅了され続けているのはもちろんのこと、毎年新たなデザインのものが展開されており、それらに出合えるワクワク感が尽きることはないからです。また、各窯元の定番の器もちゃんとそろえられており、今まで持っていなかったものを買い足したり、愛用していたのに不注意で壊してしまったものなどをまた購入できる良さもあります。

左／チャイナ・オン・ザ・パークのレストラン、究林登。深川製磁の器と地元の食材を生かした創作フレンチを味わうことができる　右／チャイナ・オン・ザ・パークでの様子。この時期は施設内の草木が新緑に色づき、散策するだけでも心地いい

深川製磁のブース。これだけたくさんの種類の器が並ぶことは、直営店やデパートなどではなかなかない。新旧さまざまなデザインがあり、見ているだけで心躍る

大好きな窯元の器を「愛でて使って収集する」ひと時

有田焼の中でも私が特に好きなのが「深川製磁」の器です。艶やかな磁肌と華やかで繊細な絵柄が醸し出す、上品な美しさに惹かれます。普段の暮らしに思いを馳せながら、深川製磁の器を選ぶ瞬間は、まさに至福のひと時です。

有田陶器市のメイン会場から車で約10分の場所には、深川製磁運営の直営ショップやレストラン、ギャラリーなどからなる「チャイナ・オン・ザ・パーク」があります。こちらでも催し物が行われ、陶器市の賑わいとはまた違った雰囲気で、深川製磁をじっくりと堪能できるのでおすすめです。また、レストランやカフェで注文するすべてのメニューが、深川製磁の器で提供されるのも同施設ならではの楽しみです。

上／清山窯の瀬井社長ご夫婦と。器を通して作り手との会話がはずむのも、陶器市ならではの楽しみ方
左／瀬井社長が丁寧に器一つ一つの物語を教えてくれる　右／清山窯では、あらかじめ欲しい器を用意してもらっていたが、次から次に目移りが。ついつい買ってしまう

人と人との繋がりが器により愛着を生む

もう一つ。私が愛してやまないのが波佐見焼の窯元「清山窯」。有田陶器市に波佐見焼の窯元が出店していることは珍しくなく、清山窯もその一つです。その魅力はなんといってもかわいらしい、独特の味がある絵柄。私の清山窯コレクションを見た友人たちの中にも、虜になってしまう人が続出です。
買い付けを通して、数年前から瀬井社長と奥様と交流させていただいており、お二人の気さくで大らかな人柄も、器に反映されているように感じます。

器一つ一つのお話を聞かせていただきながら選ぶと、より一層作り手の思いが伝わってきます。

私が愛する
深川製磁・清山窯コレクション

01 02
03 04

FUKAGAWA SEIJI
深川製磁

FUKAGAWA 01	母の実家から受け継いだ器たちです。左の器の印象的な瑠璃色の染付は"フカガワブルー"と呼ばれていて、瑠璃色と白磁との対比がとても美しいです。
FUKAGAWA 02	コーヒー碗とソーサーにはざくろなどの秋の実りが描かれていて、豊穣を願い自然に感謝し、四季を感じる美しさを教えてくれます。
FUKAGAWA 03	いくつあってもついつい集めてしまうお茶碗。手前から二番目にある石畳紋丸平飯碗は、透き通るような薄さと繊細な絵柄で、有田焼の美しさを堪能させてくれます。
FUKAGAWA 04	初代忠次の明治図案帳をモチーフにした工芸作品。マットな黒に淡いグリーン、金黄色の配色は、なかなか他にない器で気に入っています。

有田陶器市での戦利品や譲り受けたものなど、
私のお気に入りの器をご紹介します。

01 02
03 04

SEIZANGAMA
清山窯

SEIZANGAMA 01
私の中で清山窯と言えばこの茜千鳥の絵柄です。小皿、大皿、お茶碗やソース入れなど、この茜千鳥のシリーズは一通りそろえているほど大好きな絵柄です。

SEIZANGAMA 02
和に北欧のテイストが入った、かわいらしい器。これは試作品として作られたものを、縁あっていただいたもので、世界に2枚だけの大変貴重なものです。

SEIZANGAMA 03
器いっぱいに描かれた古代梅がとても素敵で、どんなお料理をどのように盛り付けようかとワクワクさせてくれる一枚です。

SEIZANGAMA 04
清山窯独自の技術で開発された「キーポ」というグラスのシリーズです。魔法瓶のように二重（中空）構造になっていて、保温保冷効果が抜群。デザインも豊富にそろいます。

味噌

麹みそ 麦／あわせ

佐世保に住む姉に毎回送ってもらっている味噌です。麦とあわせ（麦・米）はお料理や気分に合わせて使い分けています。

【問い合せ先】
原味噌本店
http://haramiso.com/

醤油

本醸造ばら濃口醤油／本醸造うまくら醤油

実家の近所に住む料理上手なおばちゃんが使っていたのがこのお醤油。このお醤油で作った煮物は何とも言えない美味しさです。

【問い合せ先】
宮島醤油株式会社
http://www.miyajima-soy.co.jp/

酢

まさ子さんの万のう酢

佐賀県の伊万里市で造られているお酢。そのままで美味しいので、野菜にかけるだけでドレッシングにもなる手軽さもポイントです。

【問い合せ先】
永楽屋
TEL/FAX　0955・22・9503

うどん

五島手延半生うどん

他にはない細さでのど越しが良く、口当たりもなめらか。自宅でうどんを食べるときは必ずこれです。あごだしでいただきます。

【問い合せ先】
株式会社ますだ製麺
http://masudaseimen.shop24.makeshop.jp

Carefully selected ingredients

お気に入りの食材たち

毎日使うからこそ、こだわりたい。

毎日使う調味料や頻繁に食卓に上がるものは、美味しさはもちろんのこと、無添加で安心安全な食材を選びたいですよね。
これまでに各地で出合い、信頼して愛用している食材をご紹介します。

だし

天然だしパック

私がよく行く愛媛のショップ「歩音」で見つけただしパック。国内産天然素材にこだわり、黒め塩が使用されています。

【問い合せ先】
株式会社つばき
http://www.dogo-tsubaki.com

塩

黒め塩

こちらも松山の「歩音」でみつけたお塩。「黒め」という海藻と海水のみで作られています。栄養価が高くまろやかな塩味が特徴です。

【問い合せ先】
株式会社つばき
http://www.dogo-tsubaki.com

ごま

ゴマソムリエ®の手作り金つきたてごま

ごま専用の杵と臼でセサミマイスターが全て手作り。すらずに搗くことで余分な油分を出さず、香りが抜けないのが特徴です。

【問い合せ先】
京都・ごまの専門店ふかほり
http://www.gomanavi.com/

ごま油

ゴマソムリエ®の金ごま油一番搾り

一番搾りのみを使用した金ごま100％のピュアオイルは、油とは思えないほどサラッとした口当たりです。

【問い合せ先】
京都・ごまの専門店ふかほり
http://www.gomanavi.com/

ソース

金蝶ウスターソース

長崎のソースと言えばこれ。名物の皿うどんにかけるソースとして作られ、スパイシーで酸味のきいた味がくせになります。

【問い合せ先】
チョーコー醤油株式会社
http://choko.co.jp

おわりに

今回だしの違う7種類のお味噌汁をつくり、スタッフのみなさんと試食をしたら「だしを変えるだけで、お味噌汁ってこんなに違うんですね！」と感動の一言が。そこから食べ比べが始まり、好みのだしを言い合うなど、とても盛り上がりました。そのときのみなさんの笑顔を見て、私の気持ちがお料理を通して伝わったのかなとうれしくなりました。相手を思い丁寧に作るお料理は、私たちの心を豊かにしてくれますね。
最後になりましたが、この本の出版にご尽力いただいた方々に感謝申し上げます。

参考文献

「たべもの歳時記」平野雅章 株式会社文藝春秋
「古典文学から現代文学まで「食」の文化誌」株式会社學燈社
「クスリになる食べもの・食べ方」飯塚律子 株式会社講談社
「食べ合わせ新百科」白鳥早奈英 株式会社ブックマン社
「旬の食材 別巻 肉・卵図鑑」株式会社講談社
「キッチンに一冊 食べもののくすり箱」阿部絢子 株式会社講談社
「食味宝典 野菜百珍」林道隆 中央公論社
「調味料の基本」株式会社枻出版社
「日本人とたべもの」近藤弘 毎日新聞社
「歴史読本特別増刊・事典シリーズ＜第17号＞たべもの日本史総覧」株式会社新人物往来社©
「おいしい！えらい！毎日のお酢レシピ」株式会社主婦の友社
「食べ物のメリット・デメリット早わかり事典」川嶋昭司／能宗久美子 株式会社三笠書房
「旬の菜時記」宇多喜代子／大石悦子／茨木和生 朝日新聞出版
「カラー完全版 日本食材百科事典」株式会社講談社
「新版 からだに効く食べもの小事典」田村哲彦 株式会社主婦の友社
「物語 食の文化」北岡正三郎 中央公論新社
「五訂増補食品成分表2010 資料編」女子栄養大学出版部
「知っておきたい「食」の日本史」宮崎正勝 株式会社KADOKAWA
「野菜のソムリエ「ベジフルキッチン」栄養と保存と調理の知恵」株式会社幻冬舎

HIROMI

幼い頃から食べることが大好き。日々新しい料理に挑戦し続ける主婦。料理研究家としてテレビ番組に出演、全国各地で料理教室を主宰する。これまでの著書に、「三つ星がとれるお料理の本」、「三つ星がとれるお料理の本2」（いずれも南々社）、「器で楽しくきせかえごはん」（ザメディアジョン）がある。

instagram　@hiromicooking51 もチェック！

日々、丁寧に暮らす。

美人ごはん　2018年2月4日 初版発行

著者	HIROMI
発行人	山近義幸
編集人	田中朋博
編集	佐伯利恵
コーディネート	竹原理恵
撮影・装丁・デザイン	寺下のぞみ
イラスト	銀杏早苗
制作	西村公一
発行	株式会社ザメディアジョンプレス　〒733-0011　広島市西区横川町2-5-15　TEL／082-503-5051
発売	株式会社ザメディアジョン　〒733-0011　広島市西区横川町2-5-15　TEL／082-503-5035
	http://www.mediasion.co.jp　hm@mediasion.co.jp
印刷・製本	株式会社シナノパブリッシングプレス

©HIROMI、ザメディアジョン 2018　Printed in Japan
本書の無断複写・複製・転写を禁じます。法律で定められた場合を除き、著作権の侵害となります。
造本には十分注意しておりますが、落丁・乱丁本（ページの順序の間違いや抜け落ち）の場合はお取り替えします。購入された書店を明記して、小社編集部までお送りください。送料は小社負担でお送りいたします。
ただし、古書店で購入したものについてはお取り替えできません。

ISBN978-4-86250-545-3　C2077　¥1200E